BEI GRIN MACHT SICH IHR WISSEN BEZAHLT

Die Selbst- und Fremdwahrnehmung des weiblichen Rollenbildes

Eine autobiographische Analyse anhand des Reiseberichts "Eine Frau im Innern Ost-Afrikas" von Magdalene von Prince

Lisa Turan

Bibliografische Information der Deutschen Nationalbibliothek:

Die Deutsche Nationalbibliothek verzeichnet diese Publikation in der Deutschen Nationalbibliografie; detaillierte bibliografische Daten sind im Internet über http://dnb.d-nb.de abrufbar.

ISBN: 9783346919311
Dieses Buch ist auch als E-Book erhältlich.

Druck und Bindung: Books on Demand GmbH, Norderstedt Germany
Gedruckt auf säurefreiem Papier aus verantwortungsvollen Quellen

Das vorliegende Werk wurde sorgfältig erarbeitet. Dennoch übernehmen Autoren und Verlag für die Richtigkeit von Angaben, Hinweisen, Links und Ratschlägen sowie eventuelle Druckfehler keine Haftung.

Das Buch bei GRIN: https://www.grin.com/document/1379689

Universität H.

Fachbereich: Geschichte

Einführung in die Geschichte Afrikas (Seminar)

Die Selbst- und Fremdwahrnehmung des weiblichen Rollenbildes – Eine autobiographische Analyse anhand des Reiseberichts „Eine Frau im Innern Deutsch-Ostafrikas" von Magdalene von Prince

08. Februar 2022

Lisa Turan

HF: Lehramt für Sekundarstufe I und II

1. NF: Englisch

2. NF: Geschichte

Inhaltsverzeichnis

1. Einleitung 3

2. Biografie von Magdalene von Prince 3

3. Verständnis des weiblichen Rollenbildes aus der Perspektive
   von Magdalene von Prince 5

   3.1. Eigeninterpretation ihrer Rolle als deutsche Kolonialfrau 5

   3.2. Fremdwahrnehmung indigenen Frauen 9

4. Fazit 14

5. Quellen- und Literaturverzeichnis 16

1. Einleitung

1884 begann das deutsche Kaiserreich mit der Einnahme deutscher Kolonialgebiete in Afrika und Asien.[1] Im Zuge der Eroberungskämpfe wurde 1890 der deutsche Offizier Tom von Prince mit der Bekämpfung des Wahehe Stammes in Deutsch-Ostafrika beauftragt.[2] Seine Ehefrau Magdalene von Prince folgte ihm 1896 in die Kolonie und wurde von Oberbefehlshaber Herrmann von Wissmann mit der Dokumentation ihres Alltags betraut.[3] Dort verfasste sie in regelmäßigen Abständen Einträge über ihr Leben als Hausfrau und Offiziersgattin, Safaris durch das unerschlossene Kolonialgebiet Deutsch-Ostafrikas, sowie Kriegserlebnissen und Versklavungen afrikanischer Ureinwohner in Folge des Wahehe Kriegs. Ihre Aufzeichnungen wurden 1903 vom E. S. Mittler & Sohn Verlag in Berlin als Reisetagebuch unter dem Titel „Eine deutsche Frau im Innern Deutsch-Ostafrikas" publiziert.[4] Unter kritischer Berücksichtigung des historischen Kontextes und ihrer Absicht, deutsche Familien für die Erschließung des Kolonialgebiets nach Deutsch-Ostafrika anzuwerben, zählt das autobiografische Werk der Magdalene von Prince aufgrund der weiblichen Erzählperspektive zu einer seltenen Tradition des 20. Jahrhunderts und trägt es in einer von Männern dominierten Berichterstattung über die deutsche Kolonialzeit zur alternativen Geschichtsschreibung bei. Anlässlich der Darstellung vieler Ereignisse aus weiblicher Sicht stellt sich die Frage, wie sich Magdalene von Prince ihr weibliches Rollenbild wahrnahm und wie sie die Rolle indigener Frauen interpretierte. Um den Leser*innen einen Einblick in die geschichtlichen Hintergründe zu ermöglichen, werde ich anhand dieser Arbeit zunächst die Selbstwahrnehmung der Autorin als deutsche Kolonialfrau in den historischen Kontext des 19. Jahrhunderts einordnen und anschließend mit ihrer Fremdwahrnehmung indigener Frauen in Relation setzen. Abschließend werde ich ein Resümee ziehen und auf weitere Forschungsansätze verweisen.

2. Biografie von Magdalene von Prince

Vorneweg möchte ich einen Abriss über das Leben der Autorin gegeben. Magdalene von Massow (1870-1936) wuchs im ostpreußischen Liegnitz als Tochter einer schlesischen Adelsfamilie auf.[5] Während ihrer Schulzeit lerne sie Tom von Prince kennen, der eine

---

[1] Terrero Gelhaus 2020, S. 14.
[2] Bald 1970, S. 58.
[3] Von Prince 1908, S. 38.
[4] Ebd., S. 1.
[5] De Gemeaux 2019, S. 79-80.

Ausbildung an der Ritterakademie Liegnitz absolvierte, und verlobte sich mit ihm.[6] Tom bewarb sich in den Folgejahren um einen Posten in der Schutztruppe des deutschen Offiziers Herrmann von Wissmanns, um für die Erschließung Deutsch-Ostafrikas zu kämpfen.[7] Nach einem Schiffunglück und wurde er 1888 als Offizier in die Schutztruppe von Herrmann von Wissmann aufgenommen, während Magdalene von Prince längere Zeit im Unklaren über den Verbleib ihres Verlobten war.[8] Während Toms Zeit als Offizier in Deutsch-Ostafrika informierte sie sich regelmäßig durch das Lesen von Zeitungsartikeln über die Geschehnisse in den deutschen Kolonien, und erhielt unregelmäßige Post von ihm.[9] Nachdem sich etwaige Unruhen in den Kolonien gelegt hatten, war es Tom gestattet, seine Verlobte zu sich zu holen.[10] Das Paar heiratete am 04. Januar 1896 im preußischen Militsch und siedelten sechs Monate später gemeinsam nach Deutsch-Ostafrika über.[11] Das Paar ließ sich auf einer Kaffeeplantage in Sakkarani (heute Tansania)[12] nieder und bekam vier Söhne. Nach dem Tod Toms und dem Verlust der deutschen Kolonie an Großbritannien in Folge des ersten Weltkrieges wurde Magdalene von Prince ausgewiesen. Sie ging zurück ins deutsche Kaiserreich, wo sie 1936 in Wien starb.[13]

3. Verständnis des weiblichen Rollenbildes aus der Perspektive von Magdalene von Prince

Obwohl Magdalene von Prince wusste, wie es war, sich als Frau dem männlichen Geschlecht hierarchisch unterzuordnen, kann man aus ihren Tagebucheinträgen ein überlegenes Selbstbildnis als deutsche Kolonialfrau gegenüber indigenen Frauen herauslesen. Daher stellt sich die Frage, wie Magdalene von Prince ihr eigenes Rollenbild als deutsche Kolonialfrau verstand und wie sie indigene Frauen vergleichsweise wahrnahm bzw. wie sich dies auf das Miteinander mit eigeborenen Frauen auswirkte. Dafür sollen folglich Aussagen ihres Tagebuchs über ihre Kindheit und im deutschen Kaiserreich genauer analysiert und in den historischen Kontext des 19. Jahrhunderts eingebettet werden.

---

[6] Von Prince 1908, S. 39.
[7] Ebd., S. 40.
[8] Ebd., S. 41.
[9] Ebd., S. 41.
[10] Ebd., S. 41.
[11] Ebd., S. 42.
[12] Wedel 2010, S.661.
[13] De Gemeaux 2019, S. 79.

3.1 Selbstwahrnehmung ihrer Rolle als deutsche Kolonialfrau

Frauen hatten im deutschen Kaiserreich des 19. Jahrhunderts eine vergleichsweise niedrigere Stellung als Männer. Das damalige Rollenbild der Frau sah es vor, sich einem Dasein als Hausfrau und Mutter zu verschreiben, weshalb ihre Erziehung und Sozialisation auf ganzer Linie darauf ausgerichtet war.[14] 1870 wurde Magdalene als Kind einer schlesischen Adelsfamilie[15] geboren. Dort muss ihr trotz ihres Geschlechts Zugang zu Bildung ermöglicht worden sein, worauf einigen Tagebuchpassagen hindeuten. Beispielsweise fügt Magdalene ihren Einträgen hin und wieder französische Phrasen wie „embarras de richesse" [16] hinzu und verglich die afrikanische Natur mit Darstellungen aus „Lederstrupf" Romanen ihrer Jugend,[17] was ein Indiz für den Zugang zu Bildung und Literatur darstellt. Folglich können Magdalenes Adels- und Bildungsstand als Basis für ihr selbstbewusstes Frauenbild interpretiert werden. Als ihr Verlobter Tom nach Deutsch-Ostafrika übersiedelte, hatten beide nur sporadischen Kontakt.[18] In ihrem Tagebuch erwähnt sie, dass sie sich während Toms Abwesenheit regelmäßig durch Kolonialzeitungen über die Entwicklungen in Deutsch-Ostafrika informierte.[19] Es ist nachvollziehbar, dass die junge Magdalene unter unstetigen Zukunftsaussichten und der gesellschaftlichen Erwartungshaltung, Ehefrau und Mutterschaft zu werden, litt und sich daher verstärkt an mediale Botschaften über Tom klammerte. Vermutlich um sich auf ihr Eheleben mit Tom im deutschen Kolonialgebiet vorzubereiten, beschäftigte sie sich daher mit Kolonialpresse, was ihre Selbstwahrnehmung als deutsche Kolonialfrau geprägt haben muss. Bestätigt wird diese Annahme durch ihren Tagebucheintrag, in dem sie die Wartezeit auf Tom als „intensive Vorbereitungszeit auf ihr späteres Dasein als Offiziersgattin" [20] beschreibt. Neben ihrer eigenen Wahrnehmung als pflichtbewusste als Ehefrau eines Offiziers, hat die einseitige Berichterstattung dieser Kolonialmedien vermutlich bereits zur unbewussten Stereotypisierung indigener Frauen und einem Empfinden von „rassenbedingter" Überlegenheit beigetragen. Zur Vorstellung einer deutschen Kolonialfrau zählten neben den gängigen Idealen des Hausfrauen- und Mutter Daseins zusätzlich ein „Pflichtbewusstsein zur Germanisierung" [21]. Es hieß, dass Männer „Kultur" und Frauen „Natur"

---

[14] Von Prince 1908, S. 88.
[15] De Gemeaux 2019, S. 79-80.
[16] Von Prince 1908, S. 378.
[17] Ebd., S. 301.
[18] Ebd., S. 41.
[19] Ebd., S. 41.
[20] Ebd., S. 41.
[21] De Gemeaux 2019, S. 91.

symbolisieren und Frauen durch Kultivierung ihre Männer vor „Verwilderung" und dem Herabsinken auf das Niveau der Ureinwohner bewahren sollten.[22] Zudem waren Frauen für den „Schutz des Deutschtums"[23] zuständig, was so viel bedeutete wie die deutsche Nation kulturell angemessen in den Kolonien zu repräsentieren. Kolonialmedien wurden explizit dafür genutzt, um Charaktereigenschaften wie Gastfreundlichkeit, Sparsamkeit und eine widerstandsfähige Gesundheit als ideales Rollenbild zu sensibilisieren und mehr Frauen und Familien von einem Leben in der neuen deutschen Heimat zu überzeugt.[24] Das Motto lautete „ohne deutsche Frau keine deutsche Kultur, ohne sie kein deutsches Land".[25] Das Ehepaar von Prince war eng mit Offizier Herrmann von Wissmann befreundet und nahm sich dessen Kolonialisierungsprogramm zur Eroberung und Erschließung deutschen Kolonialgebiets an.[26] Dass Herrmann von Wissmann Magdalene von Prince mit der Verschriftlichung ihres Alltags beauftragte, ist demnach wenig verwunderlich. Es ist daher wichtig, beim Lesen der Quelle die Subjektivität der Darstellung von Ereignissen kritisch im Hinterkopf zu behalten, da die Autorin ihre Dokumentation mit dem Zweck des Propagierens verfasste. Sie selbst machte die Ideologie von Kolonialverbänden wie den deutschen Kolonialfrau[27] zu ihrer Identität und setzte diese an vielen Stellen des Tagebuchs als Werbung ein, die nun näher analysiert werden.

Wie bereits dargestellt, verbindet Magdalene von Prince aufgrund der zeitlichen Gegebenheiten und ihren intensiven Konsum von Kolonialmedien ihre Rolle als deutsche Kolonialfrau stark mit ihrer Aufgabe, das Kolonialgebiet zu kultivieren und zu bewirtschaften. In ihrem Tagebuch schreibt sie mehrfach über Fruchtbarkeit des afrikanischen Bodens, wie beispielsweise die Textstellen „Das Land ist von üppiger Fruchtbarkeit, wir sehen viele Rinder, aber keine Ziegen"[28] oder „der Boden atmete Fruchtbarkeit und erfüllte uns zukünftige Landwirte mit froher Zuversicht"[29] deutlich machen. Begründen lässt sich ihre Haltung möglicherweise mit der indoktrinierten Verknüpfung von Weiblichkeit und landwirtschaftliche Erschließung. Das Rollenbild der Kolonialfrau assoziierte Weiblichkeit mit Mutterschaft und somit mit der Pflicht der Fruchtbarkeit, um für

---

[22] Loosen 2014, S. 178.
[23] Ebd., S. 175.
[24] Ebd., S. 177-178.
[25] Ebd., S. 178.
[26] De Gemeaux 2019, S. 81.
[27] Loosen 2014, S. 88.
[28] Von Prince 1908, S. 442.
[29] Ebd., S. 460.

den Fortbestand der Familie zu sorgen. Parallel dazu war es die Aufgabe der Frauen, für die Kultivierung und Wachstum der neuen Heimat zu sorgen. [30] Magdalene selbst sieht sich als „Pflanzerin",[31] was so viel bedeutet wie Landwirtin und betonte ihre Botanik-Kenntnisse, wie in „ich habe inzwischen […] Pflanzen gepresst und mich in ‚Tropische Agrikultur' vertieft"[32] demonstrierte. Darüber hinaus wollte sie ihren Ehemannes Tom dafür rügen, dass er sich nicht ausreichend ernährte „denn im Eifer, das vorgesetzte Ziel zu erreichen, vergißt er Essen und Trinken […] dass ich die Gardinenpredigt, mit der ich ihm das Abendessen zu würzen gedachte, […]".[33] Es zeigt sich, dass sie ihre Wohltaten als pflichtbewusste Ehefrau demonstrieren möchte, in dem sie ihren Mann vor der Verwilderung schützt und das Deutschtum in der neuen Heimat kultiviert. Dadurch zeigt sich das Selbstverständnis der Magdalene von Prince als pflichtbewusste deutsche Kolonialfrau, dass eng mit ihrer Definition des weiblichen Rollenbildes verknüpft ist.

Ferner versteht die die Autorin unter ihrer Rolle als Kolonialfrau die Verantwortung der Etablierung des Deutschtums in ihrer neuen Heimat. Bereits im Vorwort bedient sie sich durch Formulierungen wie „zur Kräftigung des Deutschtums"[34] am gängigen Vokabular der deutschen Kolonialfrauen,[35] um das Weiterführen der deutschen Traditionen in Deutsch-Ostafrika zu betonen. Weitere Beispiele sind kulinarischen Berichterstattungen, die darauf hindeuten, dass das Ehepaar trotz des fruchtbaren Landes nicht von landestypischem Obste und Gemüse Gebrauch machte, sondern importierte deutsche Küche wie Wurst und Kognak genossen.[36] Auch Weihnachtspäckchen aus der Heimat beinhalteten in der Regel deutsches Kulturgut, wie „Schokolade […], verzuckerte Walnüsse, Pralinés […]",[37] die sie sich in die Kolonie schicken ließen. Ironischerweise bestanden diese häufig aus Süßwaren und Schokolade, deren Zutaten wie Nüsse, Kakao und Zucker wahrscheinlich zuvor von Afrika zur Verarbeitung nach Europa importiert wurden. Mit der Landessprache der Indigenen beschäftigt sie sich kaum, da sie in ihren Einträgen den naiven Wunsch äußerte „gerne auch mit ihnen [den Einheimischen] unterhalten würde, aber […] ihre Sprache nicht [versteht]"[38] und somit ein Indiz dafür liefert, sich nicht mit

---

[30] Loosen 2014, S. 176.
[31] Wedel 2010, S.661.
[32] Von Prince 1908, S. 367.
[33] Ebd., S. 370.
[34] Ebd., S. 20.
[35] Loosen 2014, S. 88.
[36] Vgl. Von Prince 1908, S. 319.
[37] Ebd., S. 379.
[38] Ebd, S. 88.

der Kultur der Ureinwohner auseinandergesetzt zu haben, sondern wie gewünscht die heimatlichen Gebräuche fortzuführen. Abschließend ist zu erwähnen, dass sie die Qualität deutscher Güter selbstverständlich über die der Eingeborenen stellte, anstatt sich mit denselben Gegebenheiten wie die Eingeborenen zu befassen und möglicherweise Neues von Eingeborenen zu lernen. In ihrem Bericht schrieb sie „Der Gouverneur hat mir eine eiserne Herdplatte geschickt, nun hat die Negerwirtschaft mit den Steinen ein Ende"[39] wodurch die Annahme bestätigt wird. Damit demonstrierte sie abermals ihre Wahrnehmung als Frau im Zusammenhang mit ihrem Pflichtgefühl als deutsche Kolonialfrau, für die Etablierung des Deutschtums in Deutsch-Ostafrika zu sorgen.

Die höchste Verantwortung in ihrer Rolle als deutsche Kolonialfrau sieht Magdalene von Prince in der positiven Bewerbung Deutsch-Ostafrikas, um Mitbürger*innen des Kaiserreichs von einem Leben in den Kolonien zu überzeugen. Ganz offensichtlich adressiert sie dabei bereits im Vorwort Frauen und Kinder des deutschen Kaiserreiches. Einerseits verfolgt sie die Intention, ihren Beitrag zur Germanisierung zu leisten, was sie beispielsweise durch bildhafte Werbeparolen wie „so möchte ich Euch, deutsche Frauen, auch jetzt locken in das Land, wo der Himmel blauer strahlt, wo der Wind linder weht, wo Mond und Sterne noch ganz anders leuchten und funkeln als daheim"[40] versucht, umzusetzen. Auf der anderen Seite benötigte sie mehr Frauen mit ähnlichem Selbstverständnis des weiblichen Rollenbildes als Verbündete für die Kultivierung, Erschließung und Urbanisierung Deutsch-Ostafrikas. Daher appelliert an das Pflichtbewusstsein anderer deutscher Frauen mit Aussagen wie „Der Mann gründet das Haus, die Frau hält es".[41] Möglicherweise verbindet sie diese Absicht auch mit Eigeninteresse, mehr weiblicher, deutsche Gesellschaft in der neuen Kolonie und ihrer eigenen Einsamkeit als europäische Frau in einer Männerdomäne entgegenzuwirken, wie sie beispielsweise in „über manche Stunden der Einsamkeit und der trüben Gedanken hinweg [zukommen]. Wir Europäer sind hier ganz besonders aufeinander angewiesen"[42] durchscheinen lässt. Zum damaligen Zeitpunkt waren im Allgemeinen lediglich acht weiter Europäer in Deutsch-Ostafrika angesiedelt.[43] Dies verdeutlicht noch einmal die Subjektivität ihres Tagebuchs und der Intention des Werbens und Überzeugens anderer deutscher Frauen für die Kultivierung

---

[39] Von Prince 1908, S. 332.
[40] Ebd., S. 19.
[41] Von Prince 1908, S. 24.
[42] Ebd., S. 125.
[43] De Gemeaux 2019, S. 90.

Deutsch-Ostafrika. Es zeigt, dass sich Magdalene von Prince ihrer Rolle als weibliche Pionierin in Deutsch-Ostafrikas bewusst war und sich damit verbunden in der Verantwortung sieht, durch ihre Rolle als deutsche Kolonialfrau für die Bewerbung der Kolonie zu sorgen, um weibliche Unterstützung in den Kolonien zu erhalten und somit für den Fortbestand der neuen Heimat zu sorgen.

Zusammengefasst wird deutlich, dass Magdalene von Prince sich in jungen Jahren mit den Aufgaben deutscher Kolonialfrauen vertraut machte, mit ihrem weiblichen Selbstbild verband und später pflichtbewusst umsetzte. Ihr Konsum an Kolonialmedien kann als persönliche Weiterbildung betrachtet werden, in der sie die Ideologie deutscher Kolonialfrauen zu ihrem persönlichen Selbstbildnis werden ließ. In ihrem Tagebuch spiegeln sich diese Ideologien immer wieder aufs Neue wider. Neben ihrem Pflichtbewusstsein gegenüber der Kultivierung des Landes und der Etablierung der deutschen Kultur, sieht sie in ihrer Rolle als deutsche Kolonialfrau besonders die Verantwortung, für Deutsch-Afrika zu werben und mehr Frauen und Kinder für die Kolonie zu begeistern, damit diese ebenfalls zur Erschließung beitragen. Über ihre Pionierrolle ist sie sich im Klaren, und benutzt ihr Tagebuchs gezielt zu Propagandazwecken. Darin repräsentiert sie ihrer Stellung als Frau einerseits unbewusst gehorsam und demütig, andererseits auch bewusst durch das Zurschaustellen ihres eigenen Pflichtbewusstseins als treue deutsche Kolonialfrau, um anderer deutscher Frauen zur Mithilfe der Erschließung und Kultivierung von Deutsch-Ostafrika für sich gewinnen zu können. Das Selbstbild der Magdalene von Prince entspricht also unter Berücksichtigung des historischen Kontextes einem zeitgemäßen Verständnis ihres geschlechtlichen Rollenbildes, dass sie gekonnt dazu nutzt, um ihrer Aufgabe als deutscher Kolonialfrau gerecht zu werden. Inwiefern sich ihre persönliche Betrachtungsweise der Frauenrolle von der Wahrnehmung indigener Frauen unterscheidet, soll im folgenden Kapitel näher erläutert werden.

3.2 Fremdwahrnehmung indigenen Frauen

Als nächstes soll die Fremdwahrnehmung von Magdalene von Prince von nicht-weißen Frauen analysiert werden. Als durch koloniale Eroberungen erstmals weiße und nicht-weiße Menschen aufeinandertrafen, entwickelten weiße Europäer*innen ein Rassenbewusstsein, wodurch sie sich selbst die Überlegenheit gegenüber dunkelhäutigen

Menschen zugestanden.[44] Europäer*innen empfanden sich als überlegene „Rasse", die die Eingeborenen Afrikaner*innen zur Kultiviertheit erziehen müssen.[45] Hier trug Kolonialpresse maßgeblich zur Stigmatisierung Indigener als exotische Wesen oder blutrünstige Kannibalen bei.[46] Meist wurden die Unterschiede zwischen Europäer*innen und Indigenen negativ hervorgehoben und deren „Unkultiviertheit" als Rechtfertigung für Versklavung hergenommen.[47] So wurde beispielsweise in der Deutschen Kolonialzeitung geschrieben, dass „Solcher Bevormundung [...] das farbige Naturkind dringend [bedarf]".[48]

Wie bereits erwähnt, beschäftigte sich Magdalene von Prince viel mit solchen Kolonialmedien und hatte demnach bereits vor ihrer Übersiedlung nach Deutsch-Ostafrika ein durch Stereotype geprägtes Bild von Indigenen. Laut Christine de Gemeaux wurde damals die Perspektive indigener Männer und die Selbstwahrnehmung von Magdalene von Prince als europäische Frau unterschiedlich verstanden, da männliche indigene Sklaven sich weigerten, Befehle von Magdalene von Prince als Frau anzunehmen.[49] Dies zeigt sich auch in einem Bericht der Autorin, die schreibt, dass „[ich] so fest auf meinen Wille [n bestand], dass er schließlich doch forttrabte".[50] Ferner wird mehrfach davon berichtet, dass Magdalene von Prince auf ihrer Plantage häufig aus nicht nachvollziehbaren Gründen zur Peitsche griff, obwohl keine strafwürdigen Vergehen vorgefallen seien.[51] Dies lässt darauf schließen, dass Magdalene sich aufgrund ihres Selbstbildes als weiße Europäerin allen Indigenen überlegen fühlte und ihre Macht durch Gewalt demonstrierte. Erstaunlicherweise hinterfragt Magdalene von Prince die Rollenverhältnisse zwischen indigenen Männern und Frauen untereinander nicht. Sie schreibt davon, dass „Mein Koch klagt mir wieder sein Hauskreuz: seine bessere Hälfte behandelt ihn zu schlecht!"[52], zweifelt die weibliche Dominanz in der Ehe des indigenen Kochs jedoch nicht an. Seine Anekdote erscheint sie eher zu langweisen, anstatt die Rolle des indigenen Kochs mit ihrer eigenen weiblichen Rolle zu vergleich. Dies könnte ein Hinweis darauf sein, dass sie sich trotz ihrer im deutschen Kaiserreich unterwürfigen Position als Frau in Deutsch-Ostafrika Indigenen zweifelsohne überlegen fühlte. Ferner Magdalene von Prince nur in

---

[44] Loosen 2014, S. 361-362.
[45] Ebd., S. 358.
[46] Ebd., S. 355-358.
[47] Loosen 2014., S. 363-364.
[48] Schellong 1889, S. 69.
[49] De Gemeaux 2019, S. 90.
[50] Von Prince 1908, S. 310-11.
[51] Brechthaus-Gerst & Leutner 2009, S. 23.
[52] Von Prince 1908, S. 368.

bestimmten Ausnahmen die spezifischen Geschlechter von Kindern und spricht im Allgemeinen meist lediglich von Kindern, ordnet sie aber nur in Ausnahmefällen einem spezifischen Geschlecht zu. Aufgrund des Umfangs wird an dieser Stelle auf anderweitige Forschungsansätze verwiesen. Dennoch differenziert Magdalene von Prince in ihrem Tagebuch klar zwischen sich und indigenen Frauen. Es wird deutlich, dass ihre Wahrnehmung von indigenen Frauen durch mehrere Faktoren beeinflusst wird. Dabei unterscheidet sie zunächst zwischen Araberinnen und Afrikanerinnen und scheint dabei Araberinnen mehr zugetan zu sein. Möglicherweise lässt sich das aufgrund des helleren Hauttons der Araberinnen zurückführen, viel wahrscheinlicher liegt dies jedoch an der finanziell und hierarchisch günstigeren Situation der Araberinnen. Es ist auffällig, dass Magdalene von Prince sich im Allgemeinen nicht abfällig über Araberinnen äußert, sondern sich sogar selbst als eine von ihnen bezeichnet „war ich wieder einmal ganz die gebietende Sultanin".[53] Bei einem geschäftlichen Treffen ihres Mannes mit einem Sultan wurde dieser von seinen 36 Frauen begleitet. Magdalene stellt in dieser Textstelle weder die soziale Hierarchie des Arabers über ihrer eigene als weiße Europäerin in Frage noch das vielschichtige Verhältnis des Sultans mit mehreren Ehefrauen. Sie behandelt alle seine Frauen ebenbürtig und respektvoll und bedient sie mit Tee und Speisen. Zudem beschreibt sie die Frauen des Sultans beinahe bewundernswerterweise als „malerisch".[54] Ihre Beschreibung nach entsprechen Araberinnen einem schönen und sinnlichen Frauenbild und nicht der burschikosen Wahrnehmung indigener Ureinwohnerinnen. Begründen lässt sich dies vermutlich damit, dass Tom damals von Herrmann von Wissmann den Auftrag erhalten hatte, Stätte und Siedlungen zu erbauen und Sultane an deren Verwaltungsspitze einzusetzen,[55] um ein gutes politisches Verhältnis aufzubauen und ihre Loyalität für sich zu gewinnen. Somit hätte sie sich aus denselben Gründen wie Tom ihre Pflicht darin gesehen haben, mit den Frauen des Sultans eine gute Beziehung aufzubauen und ein positives Image über Araberinnen für Frauen in der deutschen Heimat herzustellen. Dadurch könnte es sein, dass es Magdalene von Prince leichter gefallen ist, Araberinnen mit ihrer Rolle als Frau in Verbindung zu bringen und somit einen Beitrag zur Erschließung des Landes zu leisten.

---

[53] Von Prince 1908, S. 316.
[54] Vgl. Ebd., S. 350-351.
[55] De Gemeaux 2019, S. 82.

Im Gegensatz dazu soll Magdalenes Wahrnehmung von ostafrikanischen Frauen näher betrachtet werden, welche eher an die Darstellung „wilder" Indigenen erinnert. Es fällt auf, dass sie ihre eigene Rolle als Frau klar von der Wahrnehmung ostafrikanischer Frauen unterscheidet und dadurch deren Status wertet. Beispielsweise bezeichnet Magdalene die Witwe eines besiegten Häuptlings erstens bei ihrem tatsächlichen Namen Mgundimtemi [56], zweitens berichtet sie über die Witwe als „Frau", war darauf hindeutet, dass Magdalene von Prince Frauen der Stammeshäuptlinge zwar nicht als ebenbürtig zu sich selbst erachtet, jedoch eines respektvollen und interessierten Umgangs pflegt. In anderen Passagen bezeichnet die Autorin gefangengenommene Indigene aus Urstämmen einfach „Weiber", wie beispielsweise „dazu kommen noch die vielen geraubten Weiber aus anderen Stämmen". [57] Es geht hervor, dass Magdalene von Prince sich in Vergleich zu ostafrikanischen Frauen hierarchisch höher positionierte, dennoch befand sie sozial höher gestellte Ostafrikanerinnen eher ihrem eigenen weiblichen Rollenbild entsprechend als gefangen genommene Indigene. Demnach konnte sie die Ehefrauen von Stammeshäuptlingen eher in den Kontext ihrer eigenen Weiblichkeit bringen als gefangen genommene Ostafrikanerinnen, was möglicherweise auch rassenbedingte Gründe hatte. Zusätzlich darauf hingewiesen werden, dass Begrifflichkeiten wie „Weiber" unter dem Sprachgebrauch der damaligen Zeit gelesen werden müssen und heutzutage anders konnotiert sind. Zwar war das Wort „Weiber" auch in der Vergangenheit negativer besetzt das Wort „Frau", allerdings war dieser Begriff im Vergleich zu heute kein gängiges Schimpfwort.

Anschließend an die verbale Unterscheidung von indigenen Ostafrikanerinnen soll Magdalenes Interaktion mit weiblichen Haushaltshilfen betrachtet werden. Im Allgemeinen kam weiblicher Kontakt zwischen Europäerinnen und indigenen Frauen vorwiegende durch ein Beschäftigungsverhältnis von Afrikaner*innen als Haushaltshilfen der Europäer*innen zu Stande.[58] Magdalene von Prince scheint zu ihren weiblichen Haushaltshilfen eine freundschaftliche und vertrauensvolle Beziehung zu führe, was auf ihren Wunsch nach weiblicher Gesellschaft zurückzuführen sein könnte. Eine nennenswerte Passage wären hier „eine Sudanesin [...] sie hat mir oft in Haushalt und Küche geholfen, bei dem Begräbnis ihres Mannes schloss ich mich dem Gefolge an nicht als Bibi Kwubwa

---

[56] Vlg.Von Prince 1908, S. 310-311.
[57] Von Prince 1908. S. 194.
[58] Loosen 2014, S. 429.

(„gnädige Frau"), sondern als Leitragende"[59] Die Autorin bezeichnet ihre Haushaltshilfe nicht als „Weib", sondern respektvoll als „Sudanesin", und somit als eine ebenbürtige Frau und Freundin unabhängig ihrer afrikanischen Herkunft, der sie Mitgefühl für den Tod ihres Mannes zugesteht und die sie gleichwertig und ohne das führen ihres Titels „Gnädige Frau" zum Begräbnis begleitet und ihr beisteht. Dies lässt darauf schließen, dass die Autorin durchaus in der Lage war, auch in indigenen Frauen einer niedrigeren sozialen Schicht eine Gleichwertigkeit zu sehen, insofern diese einen Nutzen für die Autorin hatten, und somit ein ebenbürtiges Rollenbild von Frauen in Indigenen verstand. Dennoch konnten diese nicht dieselbe Position wie sie als deutsch Kolonialfrau erreichen.

Abschließend soll noch ein Blick auf Magdalene von Prince Unterscheidungen zwischen sozial besser und niedriger gestellten Ostafrikanerinnen geworfen werden. Bei näher Analyse ihrer Tagebucheinträge mach es den Anschein, als würden sie Ostafrikanerinnen der Oberschicht subjektiverweise eher mit dem europäischen Schönheitsideal in Verbindung bringen als sozial niedriger positionierte Ostafrikanerinnen, deren Aussehen sie häufig als „Hässlichkeit" empfindet. Nennenswert ist zunächst, dass Magdalene von Prince sich zu Beginn ihrer Zeit in Deutsch-Ostafrika schwer tat mit der grundsätzlichen optischen Unterscheidung des männlichen und weiblichen Geschlechts. Dies wird deutlich, als sie in ihrem Tagebuch notierte, dass sich erst „mit der Zeit [...] der Blick für die schwarzen Gesichter [schärfte]"[60] Im späteren Verlauf zeigt sich, dass sie zwar die Optik der Ureinwohner mehr und mehr akzeptiert, sie dieses jedoch sogleich in Relation setzt mit ihrer persönlichen Wahrnehmung der Schönheit von Frauen, die sich am europäischen Schönheitsideal misst und von ihr ebenso an der sozialen Hierarchie der jeweils beschriebenen Frau festgemacht wird. An einer Stelle schreibt sie, dass „Früher hätte ich es einfach für unmöglich gehalten, daß ein weibliches Wesen vierzehn Tage lang ohne Spiegel existieren könne, ich bin schon fast so stark afrikanisiert, daß ich ihn wirklich kaum noch vermiße".[61] Dort kommt die Vorstellung von Magdalene von Prince europäisch geprägten Sinn für Schönheit zum Ausdruck. Sie geht davon aus, dass Gegenstände wie Spiegel zur europäischen Kultur gehören würden, da diese Eitel sind und Wert auf Kultiviertheit legen, während Afrikaner*innen solche Ansprüche nicht haben und somit automatisch als „hässlich" und „unkultiviert" gelten. Interessanterweise weist sie in ihrem Eintrag darauf hin, dass sie selbst kaum noch Spiegel benutze, was ihr Aufgabe der

---

[59] Von Prince 1908, S. 438.
[60] Von Prince 1908, S. 118.
[61] Ebd., S. 367-368.

Aufrechterhaltung von Kultur widerspricht, stellt jedoch auch klar, dass der Akt des „nicht-benutzens" eines Spiegels als „afrikanisert" zu werten ist und sie sich dadurch kulturell von Indigenen abgrenzte. Zum Vergleich findet man an anderer Stelle die Beschreibung von Wahehe Frauen, über die sie in ihrem Tagebuch berichtet als „während die Wahehe doch eigentlich durchweg stattliche, hübsche Leute sind, ihre Weiber freilich sind fast ohne Ausnahme häßlich, so daß man sich fragen muß, wie solche häßlichen Frauen meist so ansehnlichen Söhnen das Leben geben können".[62] Ihre subjektive Wahrnehmung könnte damit zusammen hängen, dass das europäische Schönheitsideal neben Kleidung auch über langes Haar und einen wohlgenährten Körper definiert. Dadurch zeigt sich, dass Magdalene von Prince Wahrnehmung indigener Weiblichkeit auch mit ihrem subjektiven Verständnis des europäischen Schönheitsideals zusammenhing. Nichtsdestotrotz konnten Indigene Frauen nicht an ihre Selbstinterpretation und dem damit verbunden Status der deutschen Kolonialfrau herankommen.

Es lässt sich also zusammenfassen, dass Magdalene von Prince ihr eigenes Rollenbild als Frau anders interpretierte als das Rollenbild indigener Frauen. Obwohl ihr ihre eigene soziale Stellung unterhalb des Mannes bewusst war, positionierte sie sich als deutsche Kolonialfrau unter dem Deckmantel eines vorherrschenden „Rasseverhältnisses" über indigenen Frauen. Ihre Wahrnehmung von Araberinnen konnte sie eher mit ihrem eigenen Rollenbild in Verbindung bringen als ihr Empfinden gegenüber indigenen Ostafrikanerinnen. Zudem ließ sie soziale Positionen, finanzielle Situation oder politischer Nutzen von Afrikanerinnen in ihre Kategorisierung mit einfließen. Haushaltsangestellte standen für Magdalene außenvor, da diese die Rolle einer Freundin ersetzten. Aufgrund ihrer Pionierrolle als eine der ersten Europäerinnen hatte sie in den Kolonien keinen Kontakt zu anderen weiblichen Europäerinnen und gestattete dadurch ihren Haushaltshilfen einen Sonderstatus. Gefangengenommene Afrikanerinnen aus den Urstämmen bildeten dabei die von ihr am meisten abgewertete Position. Diese Frauen entsprachen weder optisch noch gesellschaftlich ihrer Vorstellung des Frauenbildes und wurden daher als am minderwertigsten porträtiert.

---

[62] Ebd., S. 326.

4. Fazit

In dieser Arbeit wurde das Reisetagebuch der Magdalene zum Anlass genommen, um ihre weibliche Perspektive auf das deutsche und indigene Frauenbild des 19. Jahrhunderts in Deutsch-Ostafrika zu untersuchen. Ihre Dokumentation der Ereignisse als Frau machen diese Quelle zu seiner Seltenheit der Kolonialzeit, deren Aussagen jedoch kritisch untersucht worden sind. Ich habe gezeigt, dass sich die Eigenwahrnehmung der Autorin als Offiziersgattin in Deutsch-Ostafrika stark von ihrer Fremdwahrnehmung des Frauenbildes indigener Frauen unterschied und sie sich Indigenen größtenteils überlegen fühlte. Dies ist einerseits zurückzuführen auf das damalige Verständnis des Frauenbildes im deutschen Kaiserreich, andererseits war dies geprägt durch ihre intensive Beschäftigung mit Kolonialmedien. Ich habe dargelegt, wie die Autorin ihre eigene Rolle interpretierte welchen Nebeneffekt dies hinsichtlich Stereotypen gegenüber indigenen Frauen hatte.

Meine Analyse verdeutlicht, dass die subjektive Darstellung von Menschen und Ereignissen kritisch verstanden werden muss, da die Autorin durch die Gegebenheiten und Ideologien ihrer Zeit beeinflusst war. Zwar verstand sie ihre Berichterstattung als Zeichen guten Willens für ihr Vaterland, nichtsdestotrotz verfolgte sie ebenso die Intention, explizit deutsche Frauen und Kinder für die Kolonie Deutsch-Ostafrikas anzuwerben. Damit wollte sie ihrer Pflicht als Kolonialfrau nachzukommen, es hatte jedoch zu folge, dass indigene Frauen als minderwertig porträtiert und gleichwohl deren Territorium für Europäer*innen weichen oder schlichtweg gefangengenommen wurden. In Zukunft könnten anhand dieser Quelle weiter an rassistische oder materialistische Motivation der Autorin, oder soziale Strukturen zwischen Europäer*innen, Indigenen, und Kindern geforscht werden.

Quellen- und Literaturverzeichnis

Bald, Detlef: Deutsch-Ostafrika 1900-1914: Eine Studie über Verwaltung, Interessengruppen und wirtschaftliche Erschließung, München 1970.

Bechhaus-Gerst, Marianne und Mechthild Leutner: Frauen in den deutschen Kolonien, in: Schlaglichter der Kolonialgeschichte, 10. Auflage, Berlin 2009.

De Gemeaux, Christine: Wahehe-Kriege, Farmerleben und koloniale Gewalt. Magdalene von Prince in Deutsch-Ostafrika. 1896-1919, in: Noack, Stefan; De Gemeaux, Christine; Puschner, Uwe (Hrsg.): Deutsch-Ostafrika. Dynamiken europäischer Kulturkontakte und Erfahrungshorizonte im kolonialen Raum, Zivilisation & Geschichte, 57, Berlin u. a. 2019, S. 79-100.

Loosen, Livia: Deutsche Frauen in den Südsee-Kolonien des Kaiserreichs: Alltag und Beziehungen zur indigenen Bevölkerung. 1884-1919, Bielefeld 2014.

Schellong, Otto: Der Deutsche in Kaiser Wilhelmsland in seiner Stellungnahme zum Landeseingeborenen, in: Deutsche Kolonialzeitung, 2. Jg, Nr. 9, 1889, S. 69.

Terrero Gelhaus, Julian Alexander: Deutsche Kolonialgeschichte – Die Kolonialfrage bei Bismarck und die Genozid-Debatte heute. Eine interdisziplinäre Studie anhand der ehemaligen Kolonie Deutsch-Südwest (heute Namibia), Hamburg 2020.

Von Prince, Magdalene: Eine deutsche Frau im Innern Deutsch-Ostafrikas. Elf Jahre nach Tagebuchblättern erzählt. 3. Auflage, Berlin 1908.

Wedel, Gudrun: Autobiographien von Frauen. Köln u. a. 2010, S. 66

BEI GRIN MACHT SICH IHR
WISSEN BEZAHLT

- Wir veröffentlichen Ihre Hausarbeit,
  Bachelor- und Masterarbeit

- Ihr eigenes eBook und Buch -
  weltweit in allen wichtigen Shops

- Verdienen Sie an jedem Verkauf

Jetzt bei www.GRIN.com hochladen
und kostenlos publizieren